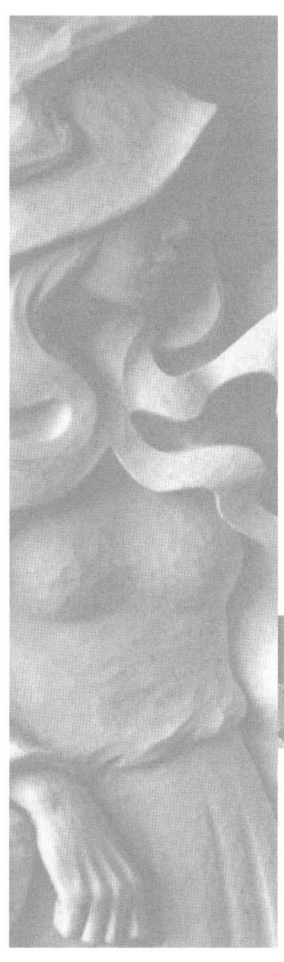

A los que lloran la muerte de un ser querido

C. W. Leadbeater

12ª edición: septiembre 2023
Diseño de portada: Editorial Sirio, S.A.

© de la presente edición
   EDITORIAL SIRIO, S.A.
   C/ Rosa de los Vientos, 64
   Pol. Ind. El Viso
   29006-Málaga
   España

www.editorialsirio.com
sirio@editorialsirio.com

I.S.B.N.: 978-84-7808-368-8
Depósito Legal: B-18.428-2001

Impreso en Imagraf Impresores, S. A.
c/ Nabucco, 14 D - Pol. Alameda
29006 - Málaga

Impreso en España

Puedes seguirnos en Facebook, Twitter, YouTube e Instagram.

Cualquier forma de reproducción, distribución, comunicación pública o transformación de esta obra solo puede ser realizada con la autorización de sus titulares, salvo excepción prevista por la ley. Diríjase a CEDRO (Centro Español de Derechos Reprográficos, www.cedro.org) si necesita fotocopiar o escanear algún fragmento de esta obra.

 El papel utilizado para la impresión de este libro está **libre de cloro** elemental (ECF) y su procedencia está certificada por una entidad independiente, no gubernamental, que promueve la sostenibilidad de los bosques.

HERMANO: Has perdido por la muerte a alguien a quien amabas entrañablemente, alguien que quizás era para ti todo en el mundo, y por consiguiente, a ti te parece que el mundo está ahora vacío y que la vida ya no vale la pena ser vivida.

Sientes que te abandonó para siempre la alegría, que desde ahora, para ti la existencia no puede ser sino tristeza sin esperanza, un angustioso anhelo por renovar el contacto de la mano desaparecida y por escuchar el timbre de la voz que se extinguió para siempre.

Estás pensando principalmente acerca de ti mismo y de tu intolerable pérdida, pero hay además otro dolor. Se agrava tu pesar por la incertidumbre respecto al estado actual del ser que amaste. Sientes que se ha ido pero ignoras a dónde. Deseas fervorosamente que él esté bien, mas cuando levantas los ojos todo lo encuentras vacío, cuando llamas, no hay respuesta, y por consiguiente te sumerges en la desesperación y la duda, y formas una nube que te vela el SOL que jamás se oculta.

Tu sentimiento es completamente natural. Yo, que te escribo lo comprendo perfectamente y mi corazón está lleno de simpatía para todos los afligidos como tú. Pero deseo hacer algo más que brindarte mi simpatía. Confío en que puedo aportarte ayuda y alivio. Tal ayuda y alivio han sido útiles a miles de personas que estuvieron en tu misma triste situación. ¿Por qué no han de poder servirte a ti también?

Tú dices: ¿Cómo puede haber alivio o esperanza para mí?

Existe esperanza de alivio para ti porque tu pesar se funda en un concepto falso: te afliges por algo que realmente no ha sucedido. Cuando comprendas los hechos dejarás de afligirte.

Contestas: Mi pérdida es un hecho real. ¿Cómo podrías ayudarme sin devolverme a quien murió?

Comprendo perfectamente tu sentimiento. Sin embargo, ten un poco de paciencia conmigo y trata de asimilar tres premisas principales que me propongo presentarte, primero como afirmaciones generales y más tarde en detalle esclarecedor.

1º - Tu pérdida es sólo un hecho aparente. Parece real únicamente desde el aspecto en que tú la ves. Quiero llevarte a otro punto de vista. Tu desconsuelo es el resultado de un gran engaño, de la ignorancia de las leyes de la naturaleza. Permíteme ayudarte en el camino hacia el conocimiento por medio de la explicación de unas pocas y sencillas verdades, las cuales podrás estudiar más ampliamente si lo deseas.

2º - Pierde todo desasosiego o incertidumbre respecto al estado actual del ser que amas. Porque la vida después de la muerte ya dejó de ser un misterio. El mundo más allá de la tumba existe bajo las mismas leyes naturales propias de este que conocemos y ha sido explorado en profundidad.

3º - No debes afligirte porque tu desconsuelo hace daño a tu ser amado. Con tal que logres abrir tu mente a la verdad, ya no te afligirás más.

Pensarás, tal vez, que éstas son simples conjeturas; mas permíteme preguntarte qué base tienes para tu actual creencia al respecto, sea cual fuere. Supones que debes tener tal creencia porque la enseña alguna Iglesia o porque se la considera fundada en lo escrito

en algún libro sagrado, o porque es la creencia general de los que te rodean: la aceptada opinión de tu época. Mas si procuras librar tu mente de prejuicios verás que esas opiniones también descansan en una mera afirmación, puesto que las Iglesias enseñan dogmas distintos, y las palabras del libro sagrado pueden ser y han sido interpretadas de diferentes maneras. El dogma aceptado de tu época, no se basa en conocimiento exacto alguno; es sencillamente cosa de oídas. Estos asuntos que nos afectan tan íntima y profundamente, son demasiado trascendentales para basarlos en meras conjeturas o en vagas creencias: exigen la certeza que se desprende de la investigación científica y la clasificación. Ya se ha emprendido tal investigación, se ha efectuado tal clasificación; y el resultado de una y otra es el que deseo poner ante tu vista. No pido creencia ciega alguna; relato lo que yo mismo conozco como hechos evidentes y te invito a examinarlos.

Consideremos una por una estas premisas. Para aclararte el asunto de la constitución del hombre, debo decirte un poco más de lo que generalmente conocen aquellos que no han hecho estudio especial de la materia. Has oído decir, vagamente, que el hombre posee un algo inmortal que se llama alma, la cual se supone que sobrevive a la muerte del cuerpo. Quiero que deseches esa vaguedad, y que comprendas que, aun siendo cierto el concepto, es una visión de los hechos muy restringida. No digas: «Considero que tengo un alma», sino «**sé que soy alma**». Porque esa es la pura verdad; el hombre **es** un alma, y **tiene** un cuerpo. El cuerpo no es el hombre. Lo que tú llamas la muerte no es sino el acto de despojarse de una vestidura inservible, y esto no implica el fin del hombre así como no implicaría el fin **tuyo** quitarte el abrigo. Por consiguiente, **no** has perdido a tu amigo, solamente has perdido de vista el abrigo en el cual acostumbrabas verlo envuelto. El abrigo se fue, mas no el hombre que lo vestía; seguramente, es el **hombre** lo que tú amabas, y no su vestidura.

Antes de que puedas entender la situación de tu amigo, es necesario que comprendas la tuya. Haz un esfuerzo para asimilar el hecho de que tú eres un ser inmortal; inmortal, porque en esencia eres divino, porque eres una chispa del mismo Fuego de Dios; que has vivido por largas edades antes de vestir este ropaje que llamas tu cuerpo; y que vivirás por muchas edades después que él se haya deshecho en polvo. «Dios hizo al hombre a su imagen y semejanza». Esto no es una adivinanza o una creencia piadosa; es un hecho científico definido, susceptible de prueba, como podrías verlo por medio de la literatura sobre el particular, si te tomaras el trabajo de leerla.

Lo que has considerado como tu vida es en realidad un solo día de tu verdadera vida como alma, cosa igualmente cierta respecto de tu amado. Por consiguiente, **él no está muerto**; es únicamente su cuerpo lo que se abandonó.

Sin embargo, no por esto debes pensar de él como de un mero aliento sin cuerpo, o de manera alguna que sea menos él mismo de lo que antes era. Como afirmó San Pablo hace mucho tiempo: «Hay un cuerpo natural, y hay un cuerpo espiritual». La gente entiende mal esa observación, porque considera estos cuerpos como sucesivos, y no comprende que todos nosotros poseemos el uno y el otro, también ahora. Tú, que lees esto, posees tanto un cuerpo «natural» o físico, el cual puedes ver, como otro cuerpo interno, que no puedes ver: el que llamaba San Pablo «espiritual». Y cuando desechas el físico, aún retienes aquel otro y más fino vehículo, quedas revestido de tu «cuerpo espiritual». Si simbolizamos el cuerpo físico como un sobretodo o abrigo, podemos pensar de este cuerpo espiritual como de la ropa interior que el hombre viste debajo de esa vestidura externa.

Si esa idea ya se te aclara, avancemos otro paso. No es solamente en lo que llamas la muerte donde desechas aquel abrigo de materia densa; cada noche al dormir te separas de él por un rato, y andas vagando por el mundo en tu cuerpo espiritual, invisible con respecto a este mundo denso, pero claramente visible para aquellos amigos que estuvieren usando, a la vez, sus cuerpos espirituales; porque cada cuerpo ve únicamente aquello que está a su propio nivel. Tu cuerpo físico ve solamente otros cuerpos físicos; tu cuerpo espiritual ve solamente otros cuerpos espirituales. Cuando vuelves a ponerte tu abrigo, es decir, cuando vuelves a tu cuerpo más denso, y despiertas a este mundo inferior, suele suceder que tienes algún recuerdo, aunque generalmente muy embrollado, de lo que has visto cuando estuviste en otra parte, y lo llamas un sueño vívido. Por tanto puede describirse el sueño como una especie de muerte temporal, consistiendo la diferencia en que no te separas de tu abrigo de modo tan radical que quedes impedido de volver a ponértelo. Queda igualmente demostrado que, cuando duermes, entras en la misma condición por la cual ha pasado el ser amado por ti. Ahora procederé a explicarte cuál es esa condición.

Han corrido muchas teorías respecto a la vida después de la muerte, casi todas ellas basadas en falsas comprensiones de las antiguas escrituras. En un tiempo se aceptaba casi universalmente en Europa, el horrible dogma de lo que se llamaba sempiterno castigo, ahora, ya nadie, fuera de los más rematadamente ignorantes, creen en él. Fue basado en una mala traducción de ciertas palabras atribuidas al Cristo, y mantenido por la Iglesia medieval como un espantajo conveniente con que asustar a las masas ignorantes para que se portaran bien. A medida que el mundo avanzaba en la civilización, empezaron los hombres a comprender que tal dogma era no sólo blasfemo, sino ridículo. Los **religionistas** modernos lo han reemplazado, por consiguiente, por sugestiones algo más sanas, pero generalmente vagas y enteramente apartadas de la sencillez de la verdad. Todas las iglesias han complicado sus doctrinas, porque insistieron en empezar con el absurdo e infundado dogma de una cruel e iracunda Deidad, la cual se complacía en hacer daño a su pueblo. Ellas importaron esta espantosa doctrina del primitivo Judaísmo, en lugar de aceptar la enseñanza de Cristo de que Dios es un Padre amoroso. La gente que ha podido asimilar el hecho fundamental de que Dios es Amor, y que Su Universo se gobierna por medio de leyes sabias y eternas, ha empezado a darse cuenta de que estas leyes deben obedecerse, tanto en el mundo de más allá de la tumba como en éste. Pero aún son vagas tales creencias. Nos hablan de un lejano Cielo, de un día de juicio en el remoto porvenir; pero nos informan poco

respecto de lo que sucede aquí, y ahora. Los que enseñan, ni pretenden tener experiencia personal alguna de las condiciones que reinan después de la muerte. No nos dicen lo que ellos saben, sino solamente lo que han oído de otros. ¿Cómo podrá satisfacernos eso?

La verdad es que ya pasó el día de la creencia ciega. Hemos llegado a la era del conocimiento científico, y ya las ideas que carecen de razón y sentido común son inaceptables. No existe razón alguna para que los métodos de la ciencia no se apliquen a la elucidación de problemas que otros días se dejaban enteramente a la religión; en verdad, **tales métodos se han aplicado**; y es el resultado de estas investigaciones, hechas con espíritu científico, el que deseo expresarte ahora.

Somos espíritus; mas vivimos en un mundo material; un mundo que, sin embargo, apenas comprendemos parcialmente.

Todo el conocimiento que acerca de él tenemos, nos llega por medio de nuestros sentidos, pero estos sentidos son muy imperfectos. Podemos ver los objetos sólidos; usualmente podemos ver los líquidos, salvo que estuvieran absolutamente claros; mas los gases, en la mayoría de los casos, nos son invisibles. La investigación demuestra que hay otras especies de materia mucho más imperceptibles que los gases más tenues, a las cuales no responden nuestros sentidos físicos, de modo que no podemos llegar a conocerlas por medios físicos. Sin embargo, podemos llegar a relacionarnos con ellas, podemos investigarlas, pero únicamente por medio de aquel «cuerpo espiritual» de que se hizo antes referencia; porque aquél tiene sus sentidos así como éste los tiene. La mayoría de los hombres no han aprendido a usarlos todavía, pero este poder puede adquirirse por el hombre. Sabemos que esto puede ser, porque ha sido así adquirido; y los que lo hayan logrado pueden percibir mucho de lo que se oculta a la vista del hombre común. Aprenden que este mundo nuestro es mucho más maravilloso de lo que jamás hubiéramos supuesto; que, aun cuando los hombres hayan vivido en él por miles de años, la mayoría se quedó totalmente ignorante de toda la parte más hermosa y superior de su vida. La línea de investigación a que me refiero ha dado ya muchos resultados maravillosos, y cada día nos ofrece nuevas perspectivas. Este informe puede obtenerse en la literatura Teosófica, de la cual nos interesa ahora considerar una parte tan sólo, la del nuevo conocimiento que nos ofrece acerca de la vida más allá de lo que llamamos muerte, y la condición de los que la experimentan.

Lo primero que aprendemos es que la muerte no es el fin de la vida, como ignorantemente hemos presumido, sino meramente el paso de una etapa de vida a otra. Ya he dicho que es como el quitarse un abrigo; pero que, después, el hombre se encuentra aún vestido con su acostumbrada ropa interior – el cuerpo espiritual–. Pero que, aun cuando por ser tanto más fino, San Pablo lo llamó el «espiritual», es siempre un cuerpo, y por consiguiente, material, aunque la materia de la cual se compone sea mucho más fina que cualquiera de las conocidas comúnmente por nosotros. El cuerpo físico sirve al espíritu como medio. Sin ese cuerpo como instrumento no le sería posible comunicarse con este mundo, ni recibir impresiones de él. Vemos así que el cuerpo espiritual sirve exactamente para el mismo propósito, el de actuar como intermediario del espíritu con el mundo superior y espiritual. Pero este mundo **espiritual** no es algo vago, lejano y fuera de alcance; es, sencillamente, una parte superior del mundo que actualmente habitamos. Ni por un momento niego que hay otros mundos mucho más elevados y más remotos; estoy afirmando tan sólo que lo que comúnmente se llama muerte no tiene nada que ver con ellos, y que es meramente un traspaso de una etapa o condición a otra, en este mundo que todos conocemos. Puede decirse que el hombre que hace tal cambio se vuelve invisible para ti; pero si lo piensas bien, verás que el **hombre** siempre te ha sido invisible, que lo que acostumbrabas mirar era únicamente el cuerpo que él habitaba. Ahora él habita otro cuerpo más delicado, el cual se encuentra más allá de tu vista ordinaria; pero no necesariamente, de modo alguno, fuera de tu alcance.

El primer punto por realizar es que aquellos que llamamos los muertos no nos han dejado. Hemos sido educados en una creencia compleja, la cual implica que cada muerto es un milagro separado y maravilloso, que cuando el alma abandona el cuerpo se desvanece y entra, de alguna manera, en un cielo más allá de las estrellas –sin indicación relativa al medio mecánico de tránsito empleado para cruzar el aterrador espacio-. Los procesos de la Naturaleza son sin duda maravillosos, y para nosotros, a menudo incomprensibles; pero jamás contrarían a la razón ni al sentido común. Cuando te quitas tu abrigo en tu casa, no por eso vuelas a la cumbre de una montaña lejana; quedas parado exactamente donde estabas antes, aunque puede ser que presentes una apariencia externa diferente. Precisamente, del mismo modo, cuando un hombre deja su cuerpo físico, se queda exactamente donde estaba antes. Es cierto que tú no lo ves ya, pero esto no implica que él se haya ido a otra parte, sino que el cuerpo que ahora usa es invisible a tus ojos físicos.

Probablemente sabes que nuestros ojos no responden sino en proporción muy pequeña a las vibraciones que existen en la naturaleza, y por consiguiente las únicas sustancias que podemos ver son aquellas que pueden reflejar esas especiales ondulaciones. La vista de tu «cuerpo espiritual» es igualmente cuestión de respuesta a cierta clase de ondulaciones; pero éstas son de orden totalmente

distinto a las físicas, proviniendo de un tipo de materia mucho más fino. Todo esto, si te interesa, puedes encontrarlo explicado detalladamente en la literatura especializada.

Por el momento, todo lo que nos concierne entender es que, por medio de tu cuerpo físico, puedes ver y tocar el mundo físico únicamente, mientras que por medio del «cuerpo espiritual» puedes ver y tocar las cosas del mundo espiritual. Y recuerda que éste no es en sentido alguno **otro** mundo, sino sencillamente una parte más refinada de este mundo. Una vez más te repito que hay otros mundos, pero que no nos conciernen por ahora. El ser que tú consideras ausente, en realidad aún está contigo. Cuando te hallas junto a él, tú en el cuerpo físico y él en el vehículo **espiritual**, no estás consciente de su presencia porque no le puedes ver; mas, cuando tú dejas tu cuerpo físico durante el sueño profundo, te juntas a él con plena y perfecta conciencia y tu unión con él es en todos sentidos tan completa como antes. De modo que, durante el sueño, te hallas feliz cerca de aquel ser a quien amas; únicamente durante las horas de vigilia es cuando sientes la separación.

Desgraciadamente, para la mayoría de nosotros existe un lapso entre la conciencia física y la conciencia del cuerpo espiritual, de tal suerte que, aun cuando en la última podemos recordar perfectamente la primera, muchos encontramos imposible el traer a la vida de vigilia la memoria de lo que hace el alma cuando durante el sueño está ausente del cuerpo físico. Si tal memoria fuera perfecta para nosotros, no existiría, en verdad, la muerte. Algunos hombres han alcanzado ya esta continuada conciencia, y todos la podrían alcanzar gradualmente, porque es parte del desenvolvimiento natural de los poderes del alma. En muchos, tal desenvolvimiento ha empezado ya, y a éstos les llegan fragmentos de memoria; pero hay una tendencia a calificarlos meramente como sueños y por lo tanto sin valor, tendencia que prevalece especialmente entre los que no han hecho estudio de los sueños y no comprenden lo que realmente son. Mas, aunque todavía sólo unos pocos poseen vista y memoria plena, hay muchos que han podido sentir la presencia de sus seres amados, aun sin poderlos ver, y hay otros que, aun sin memoria definida, despiertan del reposo con una sensación de paz y bendición, resultante de lo ocurrido en aquel mundo superior.

Recuerda siempre que éste es el mundo inferior y aquél el superior, y que en este caso, el mayor contiene en sí lo menor. En aquella conciencia recuerdas perfectamente lo que sucede en ésta, porque a medida que te transportas de ésta a aquélla al sumirte en el sueño, estás desechando un impedimento: el obstáculo del cuerpo inferior; mas al retornar a esta vida inferior, asumes de nuevo esa carga, y al asumirla se te velan de nuevo las

facultades superiores y caes en el olvido. Síguese, pues, como consecuencia, que si deseas participar de una noticia a un amigo difunto, no tienes más que formularla con claridad en tu mente al dormir, con la resolución de decírsela, y puedes tener la seguridad de hacerlo así en cuanto te encuentres con él. Puede que a veces quieras consultarle sobre algún punto, y aquí el hueco entre las dos formas de conciencia te impedirá generalmente traer una contestación clara. Sin embargo, aunque no pudieras regresar con un recuerdo definido, a menudo despertarás con una impresión bien determinada respecto a su deseo y decisión, y por regla general, podrás suponer que tal impresión es verídica. No obstante, debieras consultarlo lo menos posible, puesto que, como veremos más adelante, es censurable molestar a los supuestos muertos, en su mundo superior, con asuntos que pertenecen al departamento de esta vida, del cual ellos se han libertado.

Esto nos conduce a la consideración de la vida que llevan los muertos. Existen en ella muchas y grandes variaciones; pero, cuando menos, es casi siempre más dichosa que la vida terrestre. Así lo expresa una escritura antigua: «Las almas de los justos quedan en poder de Dios, y ningún tormento los tocará. A la vista de los ignorantes parece que murieron, lo que se toma, de nuestro lado, como la destrucción total; pero ellas gozan de la paz». Debemos librarnos de esas teorías anticuadas; el muerto no salta repentinamente a un cielo imposible ni tampoco cae en un infierno aún más imposible. En verdad, **no existe infierno alguno** en el antiguo y malvado sentido de la palabra, y no hay en ninguna parte, ni en ningún sentido, más infierno que el que el hombre se fabrique para sí mismo.

Trata de comprender claramente que la muerte no cambia en absoluto al hombre; que éste no se convierte súbitamente en un gran santo o un ángel, ni tampoco se le dota repentinamente de toda la sabiduría de las edades; que queda siendo exactamente el mismo hombre el día después de su muerte que lo fuera el día antes, con las mismas emociones, la misma disposición, el mismo desarrollo intelectual. La única diferencia consiste en haber perdido su cuerpo físico.

Trata de comprender exactamente lo que eso significa:

Significa la libertad absoluta de poder sustraerse al dolor y la fatiga, también la liberación de todos los deberes fastidiosos, entera libertad (probablemente por vez primera en su vida) para hacer exactamente lo que le plazca. En la vida física el hombre se encuentra constantemente coartado; si no constituye parte de la pequeña minoría con medios de vida independiente, estará siempre obligado a trabajar para adquirir dinero, dinero que tiene que poseer para poder comprar alimento, vestido y abrigo para sí y para

los que dependen de él. En pocos casos excepcionales, tales como los de los artistas pintores y músicos, el trabajo del hombre es un goce; pero en la mayoría de los casos es una forma de labor a la que nunca se dedicaría, sino por necesidad.

En este mundo espiritual ya no hay necesidad de dinero, de alimento ni abrigo, puesto que su gloria y su hermosura se brinda a todos sus habitantes sin dinero ni precio. En su tenue materia, en el cuerpo espiritual, puede el ser moverse en todas direcciones, como le plazca; si ama el arte, puede gastar todo su tiempo y contemplar las obras magistrales de los hombres más prominentes; si fuera músico podría pasar de una a otra de las principales orquestas del mundo, o gastar su tiempo en escuchar a los más célebres ejecutantes. Cualquiera que haya sido su goce especial en la tierra, su gusto favorito, puede dedicarse a él enteramente, y proseguirlo al extremo, con la más amplia libertad, con tal que su goce sea el del intelecto o de las emociones superiores, para gratificación del cual no se necesita la posesión de un cuerpo físico.

Así se verá, de una vez, que todo hombre razonable y de buenas costumbres es infinitamente más feliz después de la muerte que antes, puesto que tiene tiempo amplio, no sólo para el placer, sino para su progreso, realmente satisfactorio en las líneas que más le interesan.

¿No habrá, pues, en aquel mundo almas infelices? Sí, porque tal vida es necesariamente una secuela de ésta, y el hombre queda en todos conceptos tal cual era antes de abandonar su cuerpo. Si sus goces en este mundo fueron bajos y groseros, se encontrará en aquel mundo sin poder gratificar tales deseos.

Un borracho sufrirá deseos inextinguibles de beber, sin cuerpo ya con el cual apaciguarlos; al glotón le harán falta los placeres de la mesa; el avariento no encontrará oro que amontonar.

El hombre que se ha acostumbrado a ceder en la tierra a las pasiones indignas sentirá que aún le corroen. La persona sensual aún palpitará con apetencias que ya no pueden ser satisfechas; el hombre celoso es aún desgarrado por sus celos, tanto más, cuanto que ya no puede impedir los actos de quien fue objeto de sus celos. Tales personas indudablemente sufren –pero únicamente esa clase de seres–, únicamente aquéllas cuyas tendencias y pasiones fueron groseras y físicas en su naturaleza. Y aún ellas pueden dominar su propia suerte; con sólo vencer tales inclinaciones inmediatamente se libran del sufrimiento que sus impulsos causan. Recuerda siempre que no hay tal castigo; no hay más que el resultado natural de una causa

definida; de modo que sólo se necesita la causa y cesa el efecto, no siempre inmediatamente, sino en cuanto la energía de la causa se agota.

Hay muchas personas que habiendo evitado estos vicios notorios, han vivido, sin embargo, lo que puede llamarse vidas mundanas, importándoles principalmente la sociedad y sus convencionalismos, y pensando únicamente en el goce propio. Tales personas no pasan por sufrimiento agudo en el mundo espiritual, pero muy a menudo lo consideran insípido y pesado. Pueden juntarse con otras de su mismo tipo; pero, generalmente encuentran en ellas algo monótono, ya que no puede haber competencia ni en el vestir, ni en la general ostentación; mientras que las personas del tipo mejor y más inteligentes con quienes desean juntarse actúan, por regla general, de modo distinto, y les son, por consiguiente casi inaccesibles. Pero, cualquier hombre de intelectualidad racional, o de artísticos sentimientos, se encontrará infinitamente más feliz fuera de su cuerpo físico que dentro de él; y debe recordarse que es siempre posible que un hombre desarrolle en aquel mundo un interés racional si su discernimiento lo impulsa a ello.

Los artistas e intelectuales son supremamente felices en esa vida nueva; pero aún más felices, creo yo, lo son aquéllos cuyo interés más elevado se ha concentrado en la humanidad; aquellos cuyo goce mayor ha sido ayudar, socorrer y enseñar. Porque, si bien ya no hay en aquel mundo ni pobreza, ni hambre, ni sed, ni frío, hay, sin embargo, dolientes a quienes se puede consolar; ignorantes a quienes se puede enseñar. Justamente porque en los países occidentales hay tan poco conocimiento del mundo de ultra-tumba, encontramos en ese mundo muchos que necesitan instrucción respecto a las posibilidades de su nueva vida; y así, uno que sabe, puede ir esparciendo la esperanza y la alegría allí tanto como acá. Pero, recuerda siempre que los términos «allá» y «acá» se usan en obsequio a nuestra ceguera; puesto que aquel mundo está aquí, a nuestro alrededor, continuamente, y ni por un momento puede ser considerado como distante o de difícil aproximación.

Se preguntará: ¿Nos ven los muertos? ¿oirán lo que decimos? Indudablemente nos ven en el sentido de que están siempre conscientes de nuestra presencia, de que saben si somos felices o desdichados, pero no oyen las palabras que pronunciamos, ni son conscientes, en detalle, de nuestras acciones físicas. Un momento de pensar nos demostrará cuáles son los límites de su poder para ver. Ellos habitan en lo que hemos llamado el «cuerpo espiritual», un cuerpo que existe en nosotros, y es aparentemente un duplicado exacto del cuerpo físico; pero mientras estamos despiertos, nuestra conciencia se enfoca exclusivamente en el último. Hemos dicho ya, que así como la materia física se relaciona solamente con el cuerpo físico, así también la materia del mundo espiritual es perceptible únicamente por aquel cuerpo superior. Por consiguiente, lo que ellos pueden ver de nosotros es solamente nuestro cuerpo espiritual al cual, sin embargo, reconocen fácilmente. Cuando estamos lo que llamamos dormidos, nuestra conciencia usa ese vehículo, y entonces estamos despiertos para el muerto; mas cuando transferimos nuestra conciencia al cuerpo físico, le parece al muerto que dormimos, puesto que si bien nos mira él aún, ya no le hacemos caso ni podemos comunicarnos con él. Cuando se duerme alguna persona, nos damos perfecta cuenta de su presencia, pero por el momento no podemos comunicarnos con ella. Precisamente igual es la condición de un ser viviente (cuando se halla despierto), ante los ojos del muerto. Generalmente, por no poder recordar en vigilia lo visto durante el sueño, sufrimos el engaño de creer que hemos perdido a nuestro amado; mas ellos jamás se engañan creyendo habernos perdido a nosotros, puesto que continuamente pueden vernos. La única diferencia consiste en que nosotros estamos con ellos durante la noche, y ausentes durante el día, mientras que cuando habitaban con nosotros en la tierra, sucedía exactamente lo contrario.

Ahora bien, esto que, según San Pablo, hemos estado llamando el «cuerpo espiritual» (se denomina usualmente el cuerpo astral), es especialmente el vehículo de nuestros sentimientos y emociones; por consiguiente, lo que con más claridad se demuestra a los muertos son nuestras emociones y sentimientos. Si estamos contentos lo comprenden instantáneamente aunque no conozcan la causa de nuestra alegría; si estuviéramos

tristes, inmediatamente se dan cuenta de ello y comparten nuestra tristeza sin saber la causa de ella. Todo esto, es por supuesto, durante nuestras horas de vigilia; cuando dormimos, conversan con nosotros como antes acostumbraban en la tierra. Aquí, en nuestra vida física, podemos disimular nuestros sentimientos; en aquel mundo superior, esto es imposible porque se hacen visibles instantáneamente. Como tantos de nuestros pensamientos versan sobre nuestros sentimientos, la mayoría son muy perceptibles en aquel mundo; pero el pensamiento abstracto aún queda oculto.

Dirás que todo esto tiene muy poco parecido al cielo y al infierno que nos describían durante nuestra infancia; sin embargo, resulta que ésta es la realidad que se ocultaba tras todos aquellos mitos. En verdad, no existe infierno alguno; no obstante, ya se comprenderá que el borracho o el sensualista pueden prepararse para sí algo que lo imita con bastante fidelidad: sólo que no es perpetuo; dura únicamente hasta que a ellos se les agoten sus deseos; pueden en cualquier momento terminarlo, si tienen suficiente fuerza y juicio para dominar tales apetitos terrestres y elevarse por encima de ellos. Esta es la verdad implícita en la doctrina Católica del purgatorio, la idea de que, después de la muerte, las malas tendencias del hombre deben extinguirse por medio de una cantidad de sufrimiento, antes de que sea capaz de gozar la gloria del cielo.

Existe una segunda y más alta etapa de la vida después de la muerte, que corresponde bastante de cerca de un concepto racional del cielo. Se logra aquel nivel superior cuando todo anhelo inferior o egoísta haya desaparecido en absoluto; entonces pasa el hombre a una condición de éxtasis o de suprema actividad intelectual, según su naturaleza y según las líneas en las cuales haya fluido su energía durante su vida terrestre. Aquello es para él un período de la más suprema bienaventuranza, un período de muchísima mayor comprensión, de mayor aproximación a la realidad. Pero esta dicha alcanza a todos, no solamente a los especialmente piadosos. En modo alguno debe verse como premio, sino solamente como el inevitable resultado del carácter cultivado en la vida terrestre. Si un hombre se siente lleno de desinteresado amor y devoción, si tiene magnífico desarrollo intelectual o artístico, el inevitable resultado de tal desarrollo será este goce de que hablamos. Que se recuerde que todas éstas no son sino etapas de una vida, y que así como la conducta de un hombre durante su juventud, le proporciona las condiciones que gobiernan su madurez y su vejez, así la conducta de un hombre durante una vida terrestre determina su condición durante tales estados sucesivos. ¿Es eterno este estado de gloria? –me preguntas–. No, porque como he dicho, es el resultado de la vida terrestre, y una causa finita jamás puede producir resultado infinito.

La vida del hombre es mucho más larga y mucho más grande de lo que tú te has imaginado. La Chispa que ha emanado de Dios tiene que volver a Él; y estamos todavía muy lejos de esa Divina perfección. Todavía se desenvuelve porque la evolución es la ley de Dios, y el hombre crece, despacio y constantemente, así como todo lo creado. Lo que comúnmente se conceptúa como la vida del hombre no es en realidad sino un día de su verdadera vida. Tal como en esta vida ordinaria el hombre se levanta diariamente; se viste y sale a su trabajo cotidiano, y después, al anochecer, se desnuda para descansar; y luego, a la mañana siguiente, se levanta para continuar su trabajo en el punto en que lo dejó, así también cuando el hombre entra a la vida física se viste del cuerpo físico, y cuando termina su trabajo se quita aquel vestido una vez más en lo que tú llamas la muerte, y pasa al estado de descanso, el cual he descrito ya; y cuando acaba de descansar, se pone una vez más el vestido del cuerpo y sale otra vez para empezar un nuevo día de la vida física, continuando su evolución desde el punto mismo en que la había dejado. Y ésta, su larga vida, dura hasta que alcanza la meta de la Divinidad, conforme al esquema de Dios.

Todo esto quizás sea nuevo para ti; y, porque te es nuevo, te suena extraño y raro. Cuanto queda dicho, sin embargo, es susceptible de prueba, y efectivamente, ha sido puesto a prueba repetidas veces; pero si deseas estudiar todo esto, tienes que leer la literatura que trata del asunto, puesto que en un corto folleto escrito con un propósito especial, tal como éste, tengo que limitarme a afirmar los hechos sin tratar de aducir las pruebas.

Podrías preguntar, quizás: ¿no se apenan los muertos por los que han dejado en el mundo físico? Efectivamente, algunas veces así sucede, y tal ansiedad demora su progreso; debemos tratar de evitarles hasta donde sea posible todo motivo de ella. El muerto debe librarse enteramente de todo pensamiento acerca de la vida que dejó atrás, para que pueda dedicarse por entero a la nueva existencia en la cual ha entrado. Por consiguiente, los que en el pasado han dependido de su consejo, deberían en adelante pensar por sí mismos, pues si continúa la liga mental con el fallecido, él reforzará sus lazos con el mundo terrestre. El cuidar a los hijos de un muerto resulta una acción especialmente meritoria, puesto que no solamente beneficia a los niños, sino que también alivia la ansiedad del difunto y lo ayuda en su ascenso.

Si durante la vida se enseñaron al muerto doctrinas necias y blasfemas de religión, a veces sufre ansiedad con respecto a su propia suerte. Afortunadamente hay en el mundo espiritual muchos que se dedican a buscar a los que padecen tales errores, para librarlos de ellos mediante una explicación racional de los hechos. No solamente hay muertos que hacen eso, sino también muchos vivos que dedican su tiempo cada noche, durante el sueño del cuerpo, al servicio de los muertos, tratando de explicarles la verdad en toda su hermosura. Todo sufrimiento proviene de la ignorancia; al disipar la ignorancia el sufrimiento desaparece.

Uno de los casos más tristes de aparente pérdida, es cuando un niño deja este mundo físico, quedando sus padres sumergidos en el dolor. ¿Qué sucede a los niños en aquel mundo espiritual tan extraño y nuevo? De todos los que entran en él, son ellos, quizás, los más felices y los que más satisfechos se hallan. Recuerda que ellos no pierden a los padres, los hermanos, los compañeros de juego a quienes amaron; no hacen más que jugar con ellos durante lo que llamamos la noche en lugar del día, de modo que no sienten ni pérdida ni separación. No se les deja solos durante nuestro día, puesto que allá como acá, los niños se juntan y juegan en Campos Elíseos llenos de raras delicias. Sabemos cómo goza aquí un niño «figurándose, imaginándose ser» éste u otro personaje histórico, representando el papel principal en toda clase de maravillosos cuentos de hadas o historias de aventuras. Pues en la materia más fina de ese mundo superior, los pensamientos toman forma visible y el niño que se imagina un héroe cualquiera, en el acto asume temporalmente su semejanza. Si desea un castillo encantado, su pensamiento puede edificarlo. Si deseara un ejército a sus órdenes, inmediatamente aparece dicho ejército. Así es que entre los muertos, las huestes de los niños están siempre en alegría, y son hasta tumultuosamente felices.

Y aquellos otros niños de distinta disposición, cuyos pensamientos tienden más a asuntos religiosos, tampoco dejan ellos jamás

de encontrar lo que anhelan. Porque los ángeles y santos tradicionales existen; no son meras fantasías piadosas; y quienes los necesitan, los que creen en ellos, son, con seguridad, hacia ellos atraídos, y los encuentran aún más bondadosos y más gloriosos de lo soñado. Niños hay, que quisieran encontrar a Dios mismo; a Dios en forma material; pues bien, ni éstos son contrariados, puesto que aprenden de los preceptores más dulces y benignos, que todas las formas son formas de Dios, porque Él está en todas partes, y los que quieran servir y ayudar aún a la más insignificante de sus criaturas, en verdad sirven y le ayudan a Él. A los niños les encanta ser útiles; les encanta ayudar y consolar; un amplio campo se les abre para tal ayuda y consuelo entre los ignorantes en aquel mundo superior, y a medida que pasan por sus anchurosos campos, en su misión de misericordia y amor, comprenden la verdad de la hermosa enseñanza: «Todo lo que has hecho por uno de los menores de estos Mis hermanos, lo has hecho por Mí».

¿Y los recién nacidos? ¿Los que aún no saben jugar? No temas por ellos, porque sobran madres que dejaron el cuerpo físico, las cuales anhelan estrecharlos en sus brazos, recibirlos y amarlos como si fueran propios. Usualmente, tales pequeñuelos, descansan en el mundo espiritual muy breve tiempo para volver otra vez a la tierra, a menudo con los mismos padres. El monje medieval inventó un horror especialmente cruel respecto a los recién nacidos: la doctrina de que el pequeñuelo sin bautizar se perdería para siempre. El bautismo es un sacramento digno de respeto, y no sin valor, pero sería muy poco científico imaginarnos que la omisión de una fórmula externa como esa pudiera afectar el funcionamiento de las eternas leyes de Dios, o hacer que el Padre Celestial trueque su ilimitado amor en tiranía sin piedad.

Hasta aquí hemos hablado tan sólo de la posibilidad de alcanzar a los muertos ascendiendo a su nivel durante el sueño, lo cual constituye la manera normal y natural de proceder. Tenemos también, por supuesto, el método anormal y desnaturalizado del espiritismo, por medio del cual los muertos, por un momento, asumen de nuevo el velo de la carne, haciéndose así una vez más visibles a nuestros ojos físicos. Los estudiantes del Ocultismo no recomiendan este método, particularmente, porque detiene a menudo la evolución del muerto, y parcialmente, porque promueve tanta incertidumbre, y tanta posibilidad de decepción y fingimiento. El asunto es demasiado grande para poder tratarlo en un folleto como éste, pero hay un libro llamado *The Other Side of Death* (El otro lado de la Muerte). En él se encontrará también una descripción de ejemplos justificativos de que los muertos espontáneamente vuelven a este mundo inferior, manifestándose de varios modos, generalmente porque

quieren algún servicio de nosotros. En tales casos es mejor tratar de averiguar, lo más pronto que podamos qué es lo que anhelan, y si fuera posible, llevar a cabo sus deseos, para que consigan descansar.

Si has podido asimilar lo que he dicho, podrás comprender que, por natural que sea que nos aflijamos por la muerte de nuestros parientes, aquella aflicción siempre es un error y un mal que debemos vencer. No hay por qué afligirnos por ellos, puesto que han pasado a una vida infinitamente más amplia y feliz. Si nos afligimos por nuestra imaginada separación de ellos, en primer lugar lloramos un error, porque en verdad no están separados, y en segundo, nos portamos con egoísmo, porque estamos pensando más en nuestra aparente pérdida, que en el provecho inmenso y real de aquellos. Debemos esforzarnos en desprendernos totalmente de todo egoísmo, para amar desinteresadamente. Debemos pensar en **ellos** y no en nosotros, no en lo que deseamos o sentimos, sino únicamente en lo que más les convenga y más les ayude para su adelanto.

Si nos desconsolamos, si cedemos a la tristeza y la depresión, formamos una nube negra que les oscurece a **ellos** el cielo. Su mismo cariño por nosotros, su misma simpatía por nosotros, les expone a esta funesta influencia. Podemos usar el poder que tal cariño nos da para ayudarles, en lugar de ponerles obstáculos, si tenemos voluntad; pero eso requiere valor y el sacrificio de sí mismo. Tenemos que olvidarnos totalmente de nosotros mismos, en el deseo sincero y amoroso de servir en cuanto sea posible a nuestros difuntos. Cada pensamiento, cada sentimiento nuestro los influencian; cuidemos, pues, de emitir pensamiento alguno que no sea amplio y útil, noble y purificador.

Si como es probable, ellos sienten alguna ansiedad respecto de nosotros, mantengamos persistente alegría para poder asegurarles que no tienen por qué preocuparse. Si durante la vida física carecieron de conocimiento detallado y verídico acerca de la vida después de la muerte, tratemos inmediatamente de asimilar nosotros mismos tal conocimiento y de llevárselo en nuestras conversaciones nocturnas con ellos; puesto que nuestros pensamientos y sentimientos se reflejan en los suyos tan fácilmente, cuidemos que siempre sean de los que elevan e inspiran.

Trata de comprender la unidad de todo; hay un solo Dios, y todos somos uno en Él. Si logramos hacer nuestra la unidad de aquel Eterno Amor desaparecerá de nosotros el pesar, porque comprenderemos, tanto respecto de nosotros como de los que amamos, que, vivos o muertos, somos del Señor, y que

en Él vivimos, nos movemos y existimos, sea en este mundo o en el venidero. La actitud de desconsuelo es una actitud impía e ignorante. Cuanto más conozcamos, más plena confianza tendremos; porque sentiremos certidumbre completa de que tanto nosotros como nuestros muertos descansamos en el perfecto Poder y la perfecta Sabiduría, dirigidos por perfecto Amor.